AF308167

Der Weg zur Aktiven Präsenz

Wie Sie auch im Alltag aktiv präsent sein können

Aziz Djendli

Übersetzung: Susanne Gilfert
Lektorat: Karl Ganter, Stefan Ladstätter-Thaa
Schriftsatz: Stefan Ladstätter-Thaa
Layout: Susanne Gilfert, Gabriele Ermen

© 2024 Aziz Djendli
Herstellung und Verlag: BoD – Books on Demand, Norderstedt
ISBN: 9783758313127

Mein Dank gilt Arif Ali Shah, sowie Dr. Salim Djendli für seine
wissenschaftliche Unterstützung.

„Falsches Gold existiert, weil es echtes Gold gibt.“
Saadi

„Das Gehirn kümmert sich aktiv um den Körper.“
Robert Ornstein

Inhaltsverzeichnis

Vorwort

Aktiv präsent zu sein ist ein natürlicher Zustand des inneren Wesens im menschlichen Bewusstsein.

In einfachen Worten: Präsent zu sein ist ein Gefühl des inneren Wohlbefindens im täglichen Leben. Dabei entwickelt sich die Fähigkeit, sich aktiv nützlich zu machen und wirklich freundlich gegenüber sich selbst sein zu können.

Dies ist das genaue Gegenteil eines Zustandes der Abwesenheit.

Abwesenheit ist im Kontext der Gegenwart durch ein Gefühl der Passivität gekennzeichnet, in dem Sinne, dass man nicht in der Lage ist, die eigene Unfähigkeit für selbstständiges Handeln zu erkennen, trotz bester Absichten.

Nichts davon sollte als Wertung aufgefasst werden, denn wir sind alle Menschen und daher fähig, unser Bewusstsein und unsere Präsenz zu entwickeln und zu stärken.

In der Lage zu sein, auf sich selbst einzuwirken, bedeutet, dass man in der Lage ist, seine Gedanken zu ändern, wenn diese negativ sind. Sie können dann auch die Auswirkung negativer emotionaler Zustände wie Angst deutlich reduzieren und Ihr Spannungsniveau im Körper verringern.

Indem Sie einen positiven Einfluss auf sich haben, werden Sie aktiv immer präsenter, was Sie als einen Zustand der Freiheit empfinden.

Die Methode der Aktiven Präsenz kann in gewisser Hinsicht mit der Methode der Achtsamkeit, wie sie von den Buddhisten praktiziert wird, verglichen werden.

Ein wesentlicher Unterschied besteht darin, dass die Aktive Präsenz sich hauptsächlich auf den Körper bezieht, ohne dass der Geist inbegriffen ist.

Sie hat ihren Ursprung auch nicht in einer bestimmten Religion oder Lebensphilosophie, sondern ist ganz auf die westliche Lebensweise und Kultur abgestimmt.

Dieses Buch ist ein praktischer Leitfaden, der Ihnen und Ihren Angehörigen klare und greifbare Entwicklungsmöglichkeiten vermitteln kann.

Viel Spaß beim Lesen und bei der Umsetzung, mit meinen besten Wünschen!

Aziz Djendli

Die Methode der Aktiven Präsenz

Einen Zustand der Aktiven Präsenz, des fokussiert seins und der Zentriertheit zu erreichen, ist ein Prozess. Seit vielen Jahren benutzen tausende Menschen diese Methode, die sich auf eine klar definierte und sichere Form der Praxis bezieht.

Einige Aspekte stammen aus der Zeit des alten Ägyptens und Griechenlands, während andere die aktuellsten Ergebnisse aus der Hirnforschung beinhalten.

Erkenntnisse der Hirnforschung

Ein Teil des Gehirns wird als vegetatives Nervensystem bezeichnet: Sympathikus und Parasympathikus.

Das sympathische Nervensystem produziert die Stresshormone Kortisol und Adrenalin. Das parasympathische Nervensystem stellt die Hormone her, welche unser Wohlbefinden regulieren: unter anderem die Endorphine, das Serotonin und die Dopamine.

Mit der Methode der Aktiven Präsenz verbessern wir die Funktion des Parasympathikus, „Wohlfühlhormone" zu erzeugen.

Dieses Mindestmaß an Theorie reicht aus, damit Sie verstehen können, worauf die Übungen ausgerichtet sind und warum sie funktionieren.

Weitere Ergebnisse aus der Hirnforschung

Studien haben ergeben, dass der Sympathikus morgens am aktivsten ist. Das bedeutet: Die Konzentration von Kortisol, Adrenalin und Kortison ist zu dieser Zeit sehr hoch.

Die Ausschüttung der Hormone des Sympathikus erfolgt zyklisch. Alle acht Stunden wird ein Spitzenniveau erreicht. Jeder achtstündige Zyklus hat jedoch auch eine Zeit, in der Konzentration und Aktivität von stressinduzierten Hormonen gering ist.

Daraus lässt sich klar ableiten, warum dreimal am Tag bei der Aktiven-Präsenz-Methode eine Übung durchgeführt wird, was eine dauerhafte Wirkung für ein tiefes inneres Wohlbefinden garantiert.

Zeit des maximalen Anstiegs an Stresshormonen = am Morgen

Alle acht Stunden = Verringerung der Stresshormone (und deren „Aktivität")

Die Methode der Aktiven Präsenz = Verringerung der Stresshormone

Aktive Präsenz = drei Übungen am Tag (kurz und einfach)

Negative Denkmuster

Beim Erlernen dieser Methode werden Sie mit Sicherheit bei Ihnen auf mentale Denkmuster stoßen, die wir alle unterschiedlich ausgeprägt in uns wiederfinden. Die traditionelle östliche Psychologie definiert diese Denkprozesse und gibt ihnen Spitznamen. Ein Spitzname ermöglicht ein stressfreies entspanntes Identifizieren dieser Muster, genauer gesagt verhindert, dass sie überhaupt erst entstehen.

Hier finden Sie eine Auswahl:

„Es ist nicht meine Schuld." – Andere Menschen sind immer an allem schuld, man selbst kann nichts dafür.

Die Drama-Queen — Alles ist ein Drama und eine Krise, alles ist ernst. Probleme können nie gelöst werden.

Der ständige Kritiker — Er ist nie zufrieden. Was andere machen, ist niemals gut genug. Kreativ zu sein ist totale Zeitverschwendung und nicht der Mühe wert.

Der Märtyrer — Alles ist immer mit Leiden verbunden. Nichts ist jemals einfach oder positiv. Alles, was Wert hat, ist mit Anstrengung verbunden. Wenn etwas leicht geht, lohnt es wahrscheinlich nicht, es zu tun.

Die stöhnende Minni — Sie wird im Leben nie Glück haben, darum kann sie über alles jammern. Stöhnen im Alltag ist der einzige Weg, damit umzugehen.

Der kleine Diktator— Die Aufmerksamkeit anderer Menschen immer auf sich zu ziehen ist seine Nahrungsquelle. Indem er insbesondere ständig wütend ist, jagt er seinen Mitmenschen Angst ein, um sie kontrollieren zu können.

Immer ängstlich — Er/sie lebt in ständiger Angst vor der Zukunft und erlaubt sich nicht, in der Gegenwart zu leben, weil er/sie ständig mit den möglichen Gefahren des kommenden Tages beschäftigt ist.

Der Intellektuelle — Es geht nur darum, den Verstand zu kontrollieren. Alles muss kontrolliert werden. Es geht um Denken und Rationalisieren, die Gefühle werden nie einbezogen.

„Das ist nicht fair" — Im Vergleich mit anderen Menschen haben sie immer einen geringeren Wert. Andere Menschen führen ein besseres Leben und haben mehr Glück.

Zeitliche Planung der Übung

Da es drei Hauptphasen (alle acht Stunden) der vermehrten Ausschüttung von Stresshormonen gibt, beinhaltet unsere Methode drei einfache Übungen, um das Wirken dieser Episoden zu reduzieren. Gleichzeitig werden durch die Übungen auch die „Wohlfühlhormone" (Dopamin, Serotonin, Endorphin) verstärkt produziert und können den Stresshormonen entgegenwirken.

1. Eine Morgenübung
2. Eine Mittagsübung
3. Eine Abendübung

Anwesenheit und Abwesenheit

Jede Übung zielt nicht nur darauf ab, den Stresshormonspiegel zu senken, sondern auch darauf, dass Sie sich der mentalen, emotionalen und physischen Prozesse, die Sie verändern möchten, bewusster werden. Dadurch können Sie diese dann auch immer besser kontrollieren und beeinflussen.

Aktiv präsent zu sein bedeutet, der eigene Therapeut zu sein, in der Lage, sich der eigenen Gefühle bewusst zu werden, sich selbst wahrzunehmen und die negativen Denkmuster zu ändern, die sonst zunehmend zu einem Zustand der Abwesenheit führen.

Ein Zustand der Abwesenheit kann Gefühle wie ständige Angst, tiefe Wut und starke Depressionen hervorrufen.

Der Zustand der Präsenz führt zu Gefühlen des inneren geistigen, emotionalen und körperlichen Friedens, der Freude und eines Gefühles der Freiheit.

Zustand der Präsenz = Positiver Zustand

Zustand der Abwesenheit = Negativer Zustand

Basisübung für Aktive Präsenz

Alle der folgenden Übungen wurden um grundlegende Aktivitäten entwickelt, die den positiven Effekt der Übungen verstärken.

Diese Grundlagen können wie folgt zusammengefasst werden:

- Körperhaltung
- Wahrnehmung des Körpers
- Atmung

Sie lassen sich mit dem Kürzel **KWA** zusammenfassen.

Durch das Sitzen in bequemer Haltung, mit geschlossenen Augen, stellt sich leichter eine Entspannung und auch ein ruhigerer und sanfterer Atemrhythmus ein.

Körperhaltung

Die richtige Körperhaltung ist notwendig, da sie den Ausgangspunkt einer Übung darstellt.

- Nehmen Sie eine möglichst bequeme Sitzhaltung ein und schließen Sie die Augen.
- Jetzt können Sie kleine Anpassungen vornehmen, bis Sie sich vollkommen wohlfühlen.
- Das Sitzen auf einem Stuhl ist eine beliebte Position, die leicht an die eigenen Bedürfnisse angepasst werden kann.
- Es gibt viele andere Körperhaltungen, aber diese funktioniert bei den meisten Menschen gut.

Wahrnehmung des Körpers

Das Verfahren zum Empfinden des Körpers ist wie folgt:

- Sobald Sie eine bequeme Position gefunden haben, nehmen Sie über Ihre Sinneswahrnehmung und Ihre Gefühle Kontakt zu Ihrem Körper auf.
- Es sollte einfach und unkompliziert sein, ohne viel darüber nachzudenken.
- Mit anderen Worten verbinden sie sich auf bequeme, sanfte Art mit Ihrem Körper.
- Den Körper auf diese Weise wahrzunehmen, ist eine Art der Wertschätzung. Sie senden ihm damit eine Botschaft der körperlichen Nähe in seiner eigenen Sprache, der Sprache der Sinne und des Fühlens.

Atmung

Bei der Atmung ist Folgendes zu beachten:

- Sobald Sie sich in Ihrer Haltung wohlfühlen und auf eine einfache, entspannte Weise Kontakt mit Ihrem Körper aufgenommen haben, können Sie Ihre Aufmerksamkeit auf das Atmen lenken:
- Betrachten Sie Ihre Atmung wie ein außenstehender Beobachter. Ihre Atmung geschieht von selbst, komplett unabhängig von Ihnen.
- Atmen Sie durch die Nase ein und durch den Mund aus, ohne Zwang oder Druck auf sich auszuüben.
- Lassen Sie Ihre Atmung angenehm sein und erlauben Sie ihr, einen eigenen, sanften Rhythmus zu finden. So kann sie sich allmählich ausdehnen und völlig entspannt werden.

Es ist Ihre Atmung, die das Sagen hat, nicht Sie. Lassen Sie sich von ihr leiten. Sie weiß besser als Sie, wie sie Ihnen helfen kann, sich in einem angenehmen Atemrhythmus gut zu zentrieren.

Die Basisübung zusammengefasst

1. Finden Sie für sich die bequemste Körperhaltung und schließen Sie die Augen.
2. Richten Sie Ihre Aufmerksamkeit darauf, Ihren Körper auf einfache und entspannte Weise wahrzunehmen.
3. Beobachten Sie Ihre Atmung, ohne zu versuchen, sie zu lenken. Lassen Sie Ihre Atmung in ihrem eigenen, natürlichen Rhythmus fließen.

Diese 3 Punkte bilden die Basis für alle anderen Übungen der Methode der Aktiven Präsenz.

Der Faktor Aufmerksamkeit

Es kann hilfreich sein, sich die folgenden Punkte der Methode der Aktiven Präsenz ins Gedächtnis zu rufen:

Aufmerksamkeit ist essenziell für den Menschen. Viele der Abwesenheitszustände, die wir oben besprochen haben (Angst, Wut, Depression, Sorgen etc.) kommen daher, dass wir uns der Wichtigkeit von Aufmerksamkeit nicht bewusst sind und auch nicht wissen, wie wir sie nutzen können.

Unsere unbewusste Aufmerksamkeit ist darauf konditioniert, immer die gleichen mentalen, emotionalen und körperlichen Verhaltensweisen zu wiederholen.

Eine Person, die daran gewöhnt ist, ängstlich zu sein, lässt unbewusst zu, dass ihre Aufmerksamkeit die Angst weiter verstärkt. Je mehr eine solche Person versucht, ihre Ängstlichkeit direkt zu bekämpfen, desto mehr wird sie genährt.

Wie können wir den Einfluss und das Vorhandensein von negativen Verhaltensmustern reduzieren?

Indem wir die Methode der Aktiven Präsenz anwenden – indem wir lernen, unsere Aufmerksamkeit aktiv auf etwas zu richten, sie zu steuern, einzugrenzen und zu fokussieren.

Dieser Ansatz wird als **Aktive Aufmerksamkeit** bezeichnet und steht in direktem Zusammenhang mit dem Zustand der Aktiven Präsenz.

Aktive Aufmerksamkeit

Aktive Aufmerksamkeit ist eine Form der Aufmerksamkeit, die uns befähigt, sie bewusst – und damit positiv – zu nutzen.

Indem Sie lernen, Ihre Aufmerksamkeit zu steuern und zu nutzen, hören Sie ganz wie von selbst auf, Ihre negativen Verhaltensmuster zu nähren. Gleichzeitig richtigen Sie auch Ihre bewusste und unbewusste Aufmerksamkeit auf die Stärkung einer positiven Einstellung zu Ihrem Leben.

Die Verhaltensweisen, die Zustände der Abwesenheit schaffen, entstehen und werden aufrecht erhalten durch eine unbewusste und passive Aufmerksamkeit, die wir ihnen schenken, die jene Verhaltensweisen beständig anregen und unterstützen.

Aufmerksamkeit ist wie Nahrung für menschliche Verhaltensweisen. Der Entzug von Aufmerksamkeit lässt Verhaltensweisen durch einen Mangel an Nährstoffen verschwinden.

Wirksames Handeln

Daraus können wir ableiten, wie wir aufhören können, negative Verhaltensweisen zu nähren, und damit verhindern, dass sie unser Leben stören: Indem wir ihnen nicht die Aufmerksamkeit schenken, die sie „nährt" und überhaupt erst aufrecht erhalten lässt.

Anstatt beispielsweise die eigene Ängstlichkeit frontal zu bekämpfen, ermöglicht Ihnen die Methode der Aktiven Präsenz, Ihre Aufmerksamkeit stattdessen aktiv zu nutzen, um die Ängstlichkeit zu verringern.

Sich Sorgen über die Angst zu machen, ist selbst eine Form der Angst, und jeder Versuch, auf diese Weise mit ihr umzugehen, wird von Natur aus dazu beitragen, dass die Furcht aufrechterhalten bleibt.

Was nicht gefüttert wird, wird geschwächt.

„Wirksames Handeln" ist das Ausprobieren von „etwas Neuem", mit dessen Hilfe wir zur Erkenntnis gelangen können, dass sich die Angst verringert, sobald wir ihr die Aufmerksamkeit entziehen – anders als bei einem ineffektiven Frontalangriff, der sie verstärkt.

Emotionen und Aufmerksamkeit

Das Fehlen eines wirklichen Verständnisses für unsere Gefühle und wie sie uns beeinflussen, sind eine Hauptursache für unsere Abwesenheitszustände, in denen wir Angst, Depression und Wut empfinden. Die Methode der Aktiven Präsenz hilft uns, sensibler und bewusster für unsere Emotionen zu werden, sodass wir lernen können, sie anzunehmen und sie zu kontrollieren, durch Freundlichkeit, indem wir Aktive Aufmerksamkeit üben.

Es geht nicht um den Versuch, unsere Gefühle zu bekämpfen, denn sie sind eine ganz natürlicher Reaktion auf bestimmte Dinge. Vielmehr geht es darum, unsere Fähigkeit wiederzuerlangen und zu stärken, unsere Emotionen zu jedem Zeitpunkt wahrzunehmen und zu steuern.

Die Morgenübung

Diese Übung ist nur eine von vielen Beispielen in diesem Buch, die man am Morgen praktizieren kann. Indem Sie sich mit allen Übungen vertraut machen, werden Sie die für Sie einfachste und angenehmste Übung auswählen können. Die Auswahl richtet sich immer danach, wie Sie sich im aktuellen Moment fühlen.

Die Morgenübung läuft wie folgt ab:

1. Praktizieren Sie die Grundlagen (Körperhaltung, Wahrnehmung, Atmung).
2. Richten Sie Ihre Aufmerksamkeit auf Ihre rechte Hand (RH).
3. Richten Sie Ihre Aufmerksamkeit auf Ihren rechten Fuss (RF).
4. Richten Sie dann Ihre Aufmerksamkeit auf Ihren linken Fuss (LF).
5. Schließlich richten Sie Ihre Aufmerksamkeit auf Ihre linke Hand (LH).
6. Wiederholen Sie diese Wanderung der Aufmerksamkeit von RH zu RF zu LF nach LH für zwei bis drei Minuten. Die Wanderung bildet ein fokussiertes Rechteck der Aufmerksamkeit.
7. Rückkehr zur Basisübung.
8. Ende der Übung.

Die morgendliche Übung kann zwischen 2 und 15 Minuten dauern, je nachdem, wie nützlich Sie diese finden und wie wohl Sie sich dabei fühlen.

Die Mittagsübung

1. Praktizieren Sie die Basisübung (KWA).

2. Senken Sie den Kopf sanft zur Brust.

3. Richten Se die Aufmerksamkeit auf ihre Füße.

4. Richten Sie Ihre Aufmerksamkeit auf Ihre Brust zwischen Kehle und Unterbauch.

5. Beobachten Sie sanft diesen Bereich Ihres Körpers und bemerken Sie jegliche Emotionen, die sie empfinden, und benennen Sie diese für sich selbst (ob Sie sich beispielsweise ruhig oder ängstlich fühlen. Akzeptieren Sie jedes Gefühl, das aufkommt).

6. Rückkehr zur Basisübung.

7. Ende der Übung

Die Mittagsübung können Sie für 1 bis zu 15 Minuten praktizieren.

Hinweis: Durch das genaues Benennen der Gefühle verringern sich, laut wissenschaftlichen Studien der Hirnforschung, ihre Auswirkungen erheblich.

Die Abendübung

27

1. Praktizieren Sie die Basisübung (KWA).

2. Richten Sie Ihre Aufmerksamkeit auf Ihre rechte Hand.

3. Wandern Sie mit Ihrer Aufmerksamkeit zu Ihrem Kopf und Ihr Gehirn.

4. Lenken Sie Ihre Aufmerksamkeit auf Ihre linke Hand.

5. Üben Sie das Fokussieren über die Aktive Aufmerksamkeit von RH zum Kopf zu LH, das zusammen ein Dreieck bildet - für einige Minuten.

6. Rückkehr zur Basisübung.

7. Ende der Übung.

Die Abendübung kann 2 bis zu 15 Minuten lang praktiziert werden.

Das Übungsprogramm

Das Übungsprogramm besteht aus drei Übungen, die Sie jeden Tag durchführen sollten, um spürbare Ergebnisse hinsichtlich des angenehmen Zustandes der Aktiven Präsenz zu erzielen.

Um dies zu erreichen, müssen wir lernen, achtsam und fleißig zu werden und allmählich die Übungszeiten erhöhen. Als Vergleich dient etwa ein Pilot, der mehr und mehr Flugzeiten ansammelt, und so seine Flugfähigkeit verbessert. Jeder Flug gestaltet sich entspannter und freier in der Luft.

Achtsame Strebsamkeit

Was bedeutet achtsame Strebsamkeit?

Das bedeutet, dass die Zeit und die verfügbare Energie, wenn Sie eine Übung machen, zu jeder Tageszeit und zu jedem Zeitpunkt nie gleich sind.

An einem Morgen fühlen Sie sich vielleicht wohl und Sie können zehn Minuten praktizieren und an einem anderen sind es nur zwei Minuten. Das ist völlig normal.

Es ist besser und effektiver, eine Minute zu praktizieren, als keine Übung zu machen. Sich selbst aber zu zwingen, eine zehnminütige angespannte Übung zu machen, ist kontraproduktiv, egal ob es sich um mentale, emotionale oder physische Anspannung handelt.

Für Ihre positive Entwicklung durch die Methode der Aktiven Präsenz ist es entscheidend, dass sie für Ihr Unterbewusstsein und Ihre Aufmerksamkeit zu einer Gewohnheit wird.

Indem Sie sich bereit erklären, eine Minute zu üben, bereiten Sie Ihr Unterbewusstsein darauf vor, mehr zu tun, wenn die Zeit reif und die verfügbare Energie größer ist.

Auf diese Weise entwickeln wir eine natürliche und wirksame Art und Weise, die Methode der Aktiven Präsenz gewissenhaft zu befolgen.

Sich damit abzumühen und sich selbst unter Druck zu setzen, ist ineffektiv und trägt nicht dazu bei, eine stabile und dauerhafte Form von Fleiß zu schaffen.

Verfügbare Energie

Das Konzept der verfügbaren Energie ist ebenfalls wichtig.

Es gibt Ihnen einen nützlichen Einblick in die Entwicklung eines Gefühls der Aktiven Präsenz.

Es ergibt keinen Sinn, von Ihrem Körper eine Anstrengung zu verlangen, die er zu einem bestimmten Zeitpunkt nicht leicht bewältigen kann.

Je mehr Sie das Konzept der verfügbaren Energie in Ihre Praxis einbeziehen, desto leichter wird es Ihnen fallen, eine Form der Sorgfalt zu entwickeln, mit der Sie harmonieren können, und ein größeres Gefühl der Freundlichkeit gegenüber sich selbst und anderen Menschen.

Dies ist ein Gesetz des menschlichen Verhaltens.
Je freundlicher man zu sich selbst ist, desto leichter ist es, freundlich zu anderen zu sein.

Freundlich zu sich selbst zu sein bedeutet, seinem Körper nahe zu sein und zu verstehen, was er einem durch seine Emotionen, Gedanken und Gefühle mitteilt.

Ihr Körper ist in gewissem Sinne Ihr Kompass. Er ist Ihr Wegweiser für Ihr inneres Verhalten. Aktiv präsent zu sein bedeutet, auf ihn zu achten.

Verfügbare Gefühle

Ein kurzes Wort zur Körperwahrnehmung bei Übungen.

Manchmal, wenn Sie morgens eine Übung gemacht haben, können Sie ein sehr grosses und befriedigendes Gefühl für Ihren Körper entwickelt haben.

Es ist ganz natürlich, dass Sie zu dieser Intensität zurückkehren wollen, wenn Sie Ihre Mittagsübung machen.

Seit der morgendlichen Übung ist jedoch einige Zeit vergangen, und in der Zwischenzeit können sich bestimmte Faktoren verändert haben, und Sie können eine Reihe unterschiedlicher Erfahrungen gemacht haben.

Auch die Qualität und Intensität des Körpergefühls wird sich seit der morgendlichen Übung verändert haben.

Die Fähigkeit, Ihren Körper zu spüren und zu fühlen, variiert jedes Mal, wenn Sie eine Übung ausführen.

Es ist wichtig, sich an diesen praktischen Punkt zu erinnern, um das Gefühl unbegründeter Enttäuschung zu vermeiden. Es kann keine Enttäuschung im gegenwärtigen Moment geben, denn es ist der gegenwärtige Moment.

„Es ist, was es ist.“

Das Übungsprogramm

Wenn Sie das Konzept der verfügbaren Energie und der verfügbaren Emotionen verstanden und in die Praxis umgesetzt haben, können Sie sehen, dass das tägliche Übungsprogramm zwischen drei und vierzig Minuten pro Tag in Anspruch nehmen kann.

Das sind dreimal täglich (morgens, mittags, abends) zwischen einer und etwa zehn Minuten.

Jeder Tag und jede Übungsphase am Morgen, am Mittag und am Abend stellt einen anderen gegenwärtigen Moment und ein einzigartiges Niveau und eine einzigartige Qualität der verfügbaren Energie und Gefühle dar.

Praktische Schwierigkeiten bei der Mittagsübung

Manche Menschen haben Schwierigkeiten bei der Durchführung der Mittagsübung, weil sie da permanent von anderen Menschen umgeben sind.

Es ist nicht immer leicht, seinen Arbeitskollegen zu sagen: „Ich nehme mir jetzt fünf Minuten Zeit für eine Übung zur 'Aktiven Präsenz'".

Hier muss man kreativ sein, um den richtigen Ort und die richtige Zeit zu finden. Viele Leute haben mir zum Beispiel erzählt, dass sie die Toilette als Ort für die Übung nutzen. Warum nicht? Das ist eine gute Idee und ein entspannter Ansatz, um achtsam zu sein, und auch, wie wir von der kumulativen Wirkung der Aktiven Präsenz Methode profitieren können.

Eine andere Art, die Mittagsübung durchzuführen, könnte darin bestehen, sie kurz mit offenen Augen in einem normalen sozialen Umfeld durchzuführen. Wir werden später darauf zurückkommen. Man könnte es die Kunst sich unsichtbar zu machen nennen.

Die Übung verbessert die Übung

Erinnern Sie sich: Je öfter Sie die Übung anwenden, desto leichter wird es Ihnen fallen, sie fortzusetzen und Ihre Leistung zu steigern.

Je ausgeglichener und wohler Sie sich fühlen, wenn Sie aktiv präsent sind, desto mehr werden Sie sich auf diese Weise wohlfühlen wollen.

Eines Tages werden Sie den Punkt erreichen, an dem Sie nicht mehr Ihren Tag planen oder über ihn nachdenken, ohne Ihre Übungen einzubeziehen.

Wenn Sie diesen Punkt erreicht haben, gibt es kein Gefühl der Unbequemlichkeit oder des Unbehagens mehr, wenn Sie die Übung durchführen. Diese Art von Rückmeldung kommt häufig von Menschen, welche die Methode der Aktiven Präsenz schon eine Zeit praktiziert haben.

Die Anstrengung, alle drei Übungen zu machen und sich seiner selbst bewusster zu werden, wird zu einem natürlichen, angenehmen und positiven Prozess.

Die Anstrengung, sie zu machen, ist nicht mehr mit einem Gefühl des Leidens, des Schmerzes oder der Traurigkeit verbunden. In der grenzenlosen Energie der Aktiven Präsenz gibt es eine Art stille Freude, die aus der ruhigen und positiven Ausführung der Übung kommt.

Variation bei der täglichen Übung

Auf den folgenden Seiten finden Sie eine Reihe von Übungen, die Sie nach Belieben verwenden können. Wenn Sie einmal gelernt haben, wie man sie ausführt, können Sie mit ihnen experimentieren, sie ausprobieren und diejenigen auswählen, die für Sie am besten geeignet sind und wann.

Die Wahl der Übung, die Sie morgens, mittags oder abends durchführen, ist das Ergebnis einer Reihe von ganzheitlichen Entscheidungen und nicht nur ein mentaler Prozess.

In einem praktischen Kontext treffen wir aktiv gegenwärtige Entscheidungen, indem wir auf unseren Körper, unsere Atmung und unseren Verstand hören.

Den Körper und den Atem zum Denken zu benutzen ist förderlicher und mit dem in Kontakt, was wir wirklich brauchen, als nur mit dem Verstand allein zu entscheiden.

Erinnern Sie sich daran, dass alle Gefühle, die klar aus dem Körper kommen, eine ausgezeichnete Quelle der Führung sind.

Bei der Methode der Aktiven Präsenz sind alle Übungen für morgens, mittags und abends wertvoll.

Wählen Sie die Übung aus, die sich am angenehmsten anfühlt, indem Sie Ihren Körper, Ihre Atmung und Ihren Verstand benutzen.

Die Pendelübung

1. Praktizieren Sie die Grundlagen (KWA).
2. Legen Sie Ihre Hände auf die Oberschenkel und sitzen Sie aufrecht.
3. Einatmen durch die Nase.
4. Ausatmen durch den Mund, den Brustkorb nach vorne zum Boden beugen.
5. Atmen Sie ein, während Sie sich wieder in eine aufrechte Position begeben.
6. Kehren Sie wieder zur Basisübung zurück.
7. Ende der Übung

Die Übung kann zwischen 2 und 10 Minuten, je nachdem wie Ihr Befinden ist, dauern.

Die Stimmübung

1. Stehen Sie aufrecht.
2. Praktizieren Sie die Grundlagen (KWA).
3. Erzeugen Sie ein paar Augenblicke lang einen Ton, indem Sie Ihre Stimme als Ausdruck benutzen und den Ton nach Belieben variieren. Einen Ton oder ein Geräusch, das aus Ihrem Inneren kommt und ausdrückt, wie Sie sich gerade fühlen.
4. Vertrauen Sie auf Ihre stimmliche Kreativität.
5. Spüren Sie die Wirkung des Klangs auf Ihren Körper (wohltuend, belebend, beruhigend, anregend ...).
6. Rückkehr zur Basisübung.
7. Ende der Übung.

Die Übung kann zwischen 2 und 5 Minuten in Anspruch nehmen.

Die Ping-Pong-Übung

1. Praktizieren Sie die Basisübung (KWA).
2. Richten Sie Ihre Aufmerksamkeit auf Ihre rechte Hand.
3. Dann richten Sie sie auf Ihre linke Hand.
4. Lenken Sie jetzt Ihre Aufmerksamkeit für einige Minuten abwechselnd auf Ihre linke und rechte Hand.
5. Kehren Sie zur Basisübung zurück.
6. Ende der Übung.

Die Übung kann zwischen 2 und 5 Minuten in Anspruch nehmen.

Das Hauptziel dieser einfachen Übung ist es, Ihre Fähigkeit zu entwickeln, Ihre Aufmerksamkeit auf eine entspannte und sensible Weise zu lenken.

Mit anderen Worten: Es wird Ihnen helfen, ein Gefühl dafür zu entwickeln und zu verstehen, was aktive Aufmerksamkeit ist.

Die Übung der aktiven Stille

1. Finden Sie einen ruhigen Ort und praktizieren Sie die Basisübung.
2. Richten Sie Ihre Aufmerksamkeit auf die Stille um Sie herum und verbinden sich mit ihr.
3. Lassen Sie alle Gedanken und Gefühle kommen und gehen, ohne sie zu beachten, und kehren Sie immer wieder zu Ihrer Verbindung mit der Stille zurück.
4. Rückkehr zur Basisübung.
5. Ende der Übung.

Diese Übungsdauer kann zwischen 2 und 10 Minuten betragen.

Das Ziel ist es, sich mit der Stille vertraut zu machen. Durch sie werden Sie erfahren, sich in ihr wohlzufühlen und wie sie für Ihren Körper und Ihren Atem fühlbar wird.

Wenn Sie Ihre Aufmerksamkeit nutzen, um sich auf diese Weise aktiv mit der Stille zu verbinden, können Sie damit Ihre Aktive Präsenz stärken.

Mittagsübung mit offenen Augen

1. Praktizieren Sie die Basisübung mit offenen Augen (KWA).
2. Verbinden Sie sich mit einem Gefühl der Dankbarkeit in Ihrem Inneren und lassen Sie Ihr Unterbewusstsein etwas hervorbringen, für das Sie dankbar sind: Eine Person, eine Situation, einen Ort, einen Geruch, einen Geschmack, eine Farbe.
3. Lernen Sie, sich selbst als unbewusstem Beschützer und Führer wählen zu lassen, was Ihnen einfällt.
4. Spüren Sie die Verbindung mit Ihrem Gefühl der Dankbarkeit.
5. Rückkehr zur Basisübung.
6. Ende der Übung.

Nehmen Sie sich für die gesamte Übung zwischen einer und zwei Minuten Zeit. Denken Sie daran, dass das Ziel dieser Übung darin besteht, die Probleme zu überwinden, die sich ergeben, wenn man mitten am Tag einen Ort sucht, an dem man allein sein kann.

Es hilft auch, den Sinn für Dankbarkeit zu erkennen, der ein mächtiger Faktor für Aktive Präsenz ist. Wie Groll und Hass Faktoren der Abwesenheit und des Verlustes des wahren Bewusstseins sind.

Die Dreiecksübung für den Bauch

1. Praktizieren Sie die Basisübung.
2. Richten Sie Ihre Aufmerksamkeit auf die rechte Seite Ihrer Brustregion.
3. Gehen Sie jetzt mit Ihrer Aufmerksamkeit zur Region Ihres Bauchnabels.
4. Dann richten Sie Ihre Aufmerksamkeit auf die linke Seite Ihrer Brustregion.
5. Fokussieren Sie nacheinander diese drei Punkte: Rechte Seite des Brustkorbes, die Region des Bauchnabels und die linke Seite des Brustkorbes, das zusammen ein Dreieck bildet.
6. Ende der Übung.

Diese Übung kann zwischen 2 und 10 Minuten andauern.

Sie hat unter anderem auch die Funktion, dass Sie Ihr Bewusstsein mehr auf Ihren Körper und weniger auf Ihren Geist richten.

Wie alle anderen Übungen wirkt sie bewusst und auf eine positive Weise unbewusst.

Mögliche Auswirkungen der Anwendung der Aktiven Präsenz Methode

Nach mehreren Jahren des Sammelns von Rückmeldungen wurden folgende positive Auswirkungen durch die kontinuierliche Anwendung der Methode der Aktiven Präsenz festgestellt:

- verbessertes Bewusstsein für die eigenen Gefühle
- verbesserte Fähigkeit, sich von negativen Gefühlen zu befreien
- bessere Beziehung zu sich selbst
- bessere Beziehungsfähigkeit zu anderen
- weniger Konflikte
- bessere Steuerung seines eigenen Energieniveaus
- deutliche Verringerung der Anziehungskraft negativer Emotionen
- verbesserte Fähigkeit, negative Gedanken zu bewältigen
- erhöhte Anziehungskraft auf die positiven Aspekte einer jeden Situation

Dies sind Kommentare und Rückmeldungen von Personen, die die Methode der Aktiven Präsenz seit einiger Zeit praktizieren.

Wenn Sie es als hilfreich empfinden, können Sie Notizen zu den Ergebnissen machen, die Sie als Ergebnis der Praxis der Aktiven Präsenz beobachten.

Diese Vermerke sollten nur faktische Beobachtungen aufzeichnen, ohne jegliche Interpretation oder Analyse, ähnlich wie bei der obigen Anmerkung.

Ein praktischer Hinweis

43

1. Machen Sie täglich die drei Übungen, die Ihnen am leichtesten fallen und mit denen Sie am besten zurechtkommen, ohne Zeitdruck (Erfassen der verfügbaren Energie, die Sie zu diesem Zeitpunkt haben).

2. Erinnern Sie sich an die Konzepte der verfügbaren Energie und der verfügbaren Gefühle.

3. Versuchen Sie, die Idee der aktiven Aufmerksamkeit in Ihre Übungen zu integrieren, da dies dazu beiträgt, das Unterbewusstsein in positiver Weise zu verändern.

Aktive Aufmerksamkeit neu entdecken

Mit aktiver Aufmerksamkeit zu arbeiten bedeutet nicht, unsere Aufmerksamkeit zu teilen.

Unsere Aufmerksamkeit zu teilen ist ungesund und trägt nicht dazu bei, dass wir uns ausgeglichen fühlen.

Vielmehr geht es darum, unsere Aufmerksamkeit aktiv zu nutzen und zu lernen, wie wir sie in einem einzigen Zug fokussieren, abziehen und wieder zurücklenken können, ohne sie aufzuteilen.

Mit anderen Worten:

Aktive Aufmerksamkeit nährt unser Bewusstsein, um es zu verfeinern und uns eine klarere, gültigere und rundere Wahrnehmung unserer selbst zu ermöglichen.

Aktive Aufmerksamkeit verändert auch die Struktur und Funktionsweise unseres Unterbewusstseins, sodass es ein stabilerer und verlässlicherer Verbündeter für uns wird.

Mit dieser Methode kann uns unser Unterbewusstsein helfen, aktiver, präsenter zu sein und uns positiver und ausgeglichener zu verhalten.

Das Unterbewusste und die Aktive Präsenz

In jedem von uns gibt es einen unbewussten Bereich des Geistes, der die mentalen, emotionalen und physischen Formen der Konditionierung repräsentiert, die wir seit unserer Kindheit erhalten haben.

Diese Formen der Konditionierung werden zu Gewissheiten und Überzeugungen, über uns selbst und über die Welt um uns herum.

So wird jemand, der seit seiner Kindheit ängstlich ist, dazu neigen, regelmäßig Angst zu empfinden, weil er glaubt oder sich sogar sicher ist, dass „die Dinge so sind".

Das nennen wir ein falsches Identitätsgefühl oder ein falsches Selbst.

Durch die Praxis der Aktiven Präsenz sind wir in der Lage, diesen unbewussten Bereich des Geistes in uns und um uns herum klarer und mitfühlender wahrzunehmen, der nur danach strebt, den Status quo aufrechtzuerhalten und jeden Versuch, die Dinge zu verbessern oder zu verändern, zurückweist.

Wir machen vielleicht ein paar Fortschritte, aber nicht sehr viele. Wir fühlen uns vielleicht etwas weniger deprimiert, aber es geht uns nicht wirklich besser.

Es gibt noch einen anderen Bereich des Geistes, der ebenso real ist und mit der Gegenwart verbunden ist. Er wird als tiefes Bewusstsein bezeichnet und kann uns helfen, große Fortschritte zu machen.

Je weiter wir in unserer Praxis der Aktiven Präsenz fortschreiten, desto mehr verbinden wir uns mit unserem tiefen Bewusstsein und desto klarer können wir die

Funktionsweise dieses konditionierten Bereiches des Geistes erkennen, der nur danach strebt, negative Verhaltensweisen zu wiederholen und den Status quo aufrecht zu erhalten.

Aktive Präsenz hilft uns, unser tiefes Bewusstsein zu entwickeln und diesen konditionierten, unbewussten Bereich des Geistes klarer wahrzunehmen.

Sie hilft uns auch, unsere wahre Identität, unser wahres Selbst, zu aktivieren und zu entwickeln.

Dieser Begriff des wahren Selbst ist in keiner Weise mystisch, sondern steht in engem Zusammenhang mit der Neurowissenschaft und dem Prozess der Befreiung von einschränkenden Formen der Konditionierung.

Eine faktengestützte Methode

Wie können wir unser negatives Verhalten ändern oder aufhören, es zu nähren?

Beweise spielen eine wichtige Rolle bei der Methode der Aktiven Präsenz. Durch die Praxis der Aktiven Präsenz wird das, was verborgen oder unbewusst war, besser sichtbar.

Wenn wir also in der Lage sind, anhand unserer eigenen Wahrnehmung zu erkennen, dass wir die Angst in uns nähren, werden wir damit aufhören, dies zu tun.

Wenn sich Menschen auf natürliche Weise eines Verhaltens bewusst werden, dass ihnen selbst schadet, hören Sie auf, dieses Verhalten zu fördern oder unbewusst weiter zuzulassen.

Aktive Präsenz ist ein Prozess der allmählichen Veränderung, der sich aus der Beobachtung der Anzeichen ergibt.

Dies geschieht in Form von evidenzbasierten Wahrnehmungen, die uns dazu bringen, das zu nähren, was uns hilft, uns weiterzuentwickeln, und die Verhaltensweisen zu stoppen, die uns zurückhalten.

Hier ist eine Geschichte zu diesem Thema.

Der Mann, der jeden Morgen umfiel

Es war einmal ein Mann in einem Land, nicht weit von hier. Der fand sich jeden Morgen auf dem Boden seines Schlafzimmers wieder.

Das Ritual war immer dasselbe:

Er wachte auf, stieg aus dem Bett und fiel um - jeden Tag Beulen und blaue Flecke!

Eines Tages suchte er aus Verzweiflung den berühmtesten Heiler des Landes auf.

Nachdem der Mann sein Problem geschildert hatte, gab ihm der Heiler eine Formel, die er am nächsten Tag bei Sonnenaufgang aufsagen sollte und die es ihm ermöglichen würde, die Lösung für sein Problem zu empfangen.

Als er am nächsten Morgen erwachte, wiederholte er die Formel und erhielt sofort eine klare Vorstellung von dem ganzen Problem.

Zu seinem Erstaunen stellte er fest, dass jeden Morgen, wenn er aus dem Bett stieg, er sein rechtes Bein über das linke legte, was dazu führte, dass er umkippte.

Danach hörte der Mann auf, umzufallen, wobei er immer darauf achtete, dass sein rechtes Bein nicht das linke überkreuzte.

Infolgedessen konnte er die volle Kontrolle über seine Gesundheit und seinen Körper zurückgewinnen.

- Ich verdiene es nicht, dass es mir gut geht.
- Ich bin nicht fleissig und kann es nicht sein.
- Ich weiss nicht, wie man fühlt.
- Ich mache vielleicht ein paar Fortschritte, aber nicht so viel.
- Ich traue mir selbst nicht.
- Diese Methode ist zu simpel.

Darum fiel der Mann immer um. Er erkannte dass ein bestimmter Teil seines Bewusstseins ihm diese „Aussagen" immer wieder bestätigte. Mit dem Heiler ist unser tiefes Unterbewusstsein gemeint, welches diese Aussagen erkennen kann, worauf man dann in der Lage ist, sie zu unterlassen.

Erfolg mit der Methode der Aktiven Präsenz

So wie wir die unbewussten Formen der Konditionierung in uns aufgedeckt haben, können wir auch in dem gleichen Areal des Geistes unterschiedliche und manchmal überraschende Antworten auf die Frage entdecken:

„Warum funktioniert die Methode der Aktiven Präsenz bei mir nicht?"

Denken Sie daran, dass dieser Bereich des Unterbewusstseins lediglich unseren bestehenden Geisteszustand bestätigt und uns nicht dabei hilft, Fortschritte zu machen oder unsere Ziele zu erreichen.

Sie ist auch nicht von Natur aus feindselig, sondern hat nur den Zweck, dieselben einschränkenden Verhaltensweisen zu wiederholen, was auch den Wunsch beinhalten kann, sich Veränderungen zu widersetzen.

Einige Geschichten

Geschichten haben schon immer die Fähigkeit gehabt, uns unsere gegenwärtigen einschränkenden Formen konditionierter Verhaltensweisen aufzuzeigen. Sie aktivieren unser tiefes Bewusstsein, und wir werden präsenter.

Die folgenden Geschichten sollen diese mentalen und emotionalen Hindernisse aufzeigen, um sie klarer zu sehen und vor allem, um sie bewusster wahrzunehmen, wenn sie in unserem Bewusstsein auftauchen.

Tägliche Angst

Es war einmal ein Mann, der lebte in einem ständigen Zustand der Angst.

Es war sein ständiger, täglicher Geisteszustand.

Mit der Zeit lernte er, dies vor den Leuten zu verbergen, selbst vor denen, die ihn gut kannten. Er war jedoch unglücklich mit dieser Last, von der er sich seltsamerweise angezogen fühlte, obwohl er sich dadurch schlecht fühlte.

Dann eines Morgens, dieser fühlte sich ganz anders an, als die anderen Morgen, wachte der Mann in einer ungewöhnlichen Gemütsverfassung auf. An eine solche Stimmung konnte er sich kaum erinnern.

Er war in der Tat ohne die automatischen Gedanken und Gefühle der Angst aufgewacht.

Im selben Moment wurde ihm jedoch klar, dass er sich fragte, wie er wieder in seinen „normalen" Geisteszustand zurückkehren könnte.

Sofort erinnerte er sich an seinen alten, vertrauten Zustand der Angst und bekam Angst davor, ohne Angst zu leben.

Dann kehrte alles zur „Normalität" zurück, dem beruhigenden Komfort seiner täglichen Angst.

Der Mann, dessen Ego ihn abwesend machte

Es war einmal ein Mann, der lernte die Methode der Aktiven Präsenz richtig anzuwenden.

Jeden Tag praktizierte er die drei Übungen, nachdem er die grundlegenden Konzepte der Methode erfolgreich verinnerlicht hatte: verfügbare Energie, verfügbare Gefühle und achtsamer Fleiß.

Er hatte jedoch tief in seinem Inneren das starke Gefühl, dass die Qualität seiner Präsenz besser sein sollte. Er war in der Tat etwas zu stolz auf seine Bemühungen und auf das, was er in der Aktiven-Präsenz-Methode erreicht hatte, was ihn eitel, leicht beleidigt und schlecht gelaunt machte.

Diese drei Eigenschaften sind nicht hilfreich und auch nicht förderlich, um aktiv präsent zu sein.

Als er in seiner täglichen Praxis Fortschritte machte, erkannte er diesen Charakterfehler an sich selbst und nahm die notwendige Korrektur vor, d.h. er lernte echte, natürliche Demut.

Deshalb heißt es, dass echte Demut zu Aktiver Präsenz führt, während Arroganz zu Abwesenheit führt.

Die Neurochemie der Dankbarkeit

Dank der Neurowissenschaft wissen wir heute, dass das Gefühl oder der Zustand der Dankbarkeit das parasympathische System im Gehirn anregt und somit Endorphine, Serotonin und Dopamin freigesetzt werden.

Im Prozess der Entwicklung der Aktiven Präsenz trägt das Gefühl der Dankbarkeit dazu bei, Hormone im Gehirn zu aktivieren, die es positiv beeinflussen.

Die Neurowissenschaft hat gezeigt, dass das regelmäßige Erleben dieses Gefühles der Dankbarkeit den Parasympathikus aktiviert und damit die Produktion von Endorphinen auslöst.

Die folgende Übung wird uns helfen, uns mit dem Gefühl der Dankbarkeit vertraut zu machen, das ein integraler Bestandteil der Methode der Aktiven Präsenz ist.

Sie kann daher in unser Programm der Morgen-, Mittags- und Abendübung aufgenommen werden.

Die Übung der Dankbarkeit

1. Praktizieren Sie die Grundlagen (KWA).

2. Verbinden Sie sich mit Ihrer Erinnerung in Ihrem tiefen Bewusstsein.

3. Lassen Sie die Erinnerung an etwas wach werden, für das Sie Dankbarkeit empfinden, ohne zu versuchen, die Wahl des Themas zu beeinflussen.

4. Es kann sich zum Beispiel um eine Person oder ein Objekt handeln.

5. Rückkehr zur Basisübung.

6. Ende der Übung.

Diese Übung kann zwischen einer und fünf Minuten dauern.

Je mehr Sie diese Übung praktizieren, desto mehr wird Ihr Gefühl der Dankbarkeit zunehmen, was wiederum dazu beiträgt, Zustände und Gefühle oder Überzeugungen zu reduzieren, die das Ergebnis von Bitterkeit oder Groll sind.

Wenn Sie sich zum Beispiel daran gewöhnt haben, nachtragend und verbittert über das Leben zu sein, wird die Entwicklung eines Gefühls der Dankbarkeit dazu beitragen, dass diese negativen Gefühle allmählich verschwinden.

Dankbarkeit ist eine Medizin, die unter anderem helfen kann, Gefühle von Bitterkeit und Groll zu heilen.

Die ‚besondere Anstrengung‘

Der Begriff „besondere Anstrengung" hat mehrere Bedeutungen.

In der Methode der Aktiven Präsenz bezieht sie sich auf die Tatsache, dass wir zwischen zwei Übungen, etwa der Morgen- und der Mittagsübung, verschiedene Erfahrungen und emotionale Zustände haben können.

Es bedeutet auch, dass wir uns darauf vorbereiten müssen, im gegenwärtigen Moment auf Gedanken, Gefühle oder Emotionen zu reagieren, die nicht positiv oder hilfreich sind.

Dieses Bemühen, uns zu einem gesunden Maß an Aktiver Präsenz neu auszurichten, ist auch deshalb etwas Besonderes, weil es keine Anstrengung in dem Sinne bedeutet, dass es eine lange Zeit intensiven Leidens erfordert.

„Besondere Anstrengungen" sind kurz und können verschiedene Formen annehmen, wie: tiefes Atmen, aktive Stille, eine bestimmte Körperhaltung oder die Wahrnehmung eines Körperteils, wie die Hände.

Das wichtigste Kriterium: Sie tragen dazu bei, die Auswirkungen der Zeit zu verringern, in der wir uns potenziell verletzlich fühlen.

Diese „besonderen Anstrengungen" sind das Ergebnis unserer eigenen Kreativität unter Einsatz von Körper, Geist und Seele und der kreativen Energie zu einem bestimmten Zeitpunkt.

Wir können so etwa gegen zehn Uhr morgens plötzlich eine Welle von Angst verspüren.

Bei der Methode der Aktiven Präsenz wird eine besondere Anstrengung unternommen, indem eine Technik angeregt wird, die den Anstieg der Angst sofort reduziert.

Das Ziel jeder „besonderen Anstrengung" ist es, Sie aus dem Zustand der Abwesenheit, zu dem Sie hingezogen wurden, in den Zustand der Aktiven Präsenz zurückzuführen.

Dies ist eine Möglichkeit, durch eine kurze bewusste Anstrengung aktiv und damit präsent zu bleiben. Manchmal sind mehrere verschiedene Techniken oder besondere Anstrengungen erforderlich, um eine nachhaltige positive Wirkung zu erzielen.

Ein weiterer Punkt, an den wir uns erinnern sollten, ist, dass wir dazu neigen, die positive Wirkung zu unterschätzen, die das bloße Gefühl, einen Moment der Dankbarkeit zu erleben, körperlich und in Bezug auf die Aktive Präsenz hat.

Eine kurze bewusste Anstrengung hat die Fähigkeit, Ihren geistigen, emotionalen und psychologischen Zustand tatsächlich zu verändern und ihn auf einen Zustand der Aktiven Präsenz auszurichten.

Beispiele für ‚besondere Anstrengung'

- Einen Teil des Körpers (z.B. die Hände) wahrnehmen.
- Verbindung mit dem ganzen Körper herstellen.
- Sich mit dem Atem verbinden und dreimal tief durchatmen.
- Visualisierung einer Person oder Situation, die für Sie positiv ist.
- Ein tiefes Gefühl der Dankbarkeit empfinden.
- Ändern der Körperhaltung, um sich „zentrierter" zu fühlen.

Alle diese „besonderen Anstrengungen" werden zwischen den Übungen durchgeführt, um auf eine Veränderung Ihrer Situation zu reagieren, und sollen Ihnen helfen, auf dem richtigen Weg zu bleiben und Ihr Ziel zu erreichen, aktiv präsent zu sein.

Erlauben Sie sich, bei den von Ihnen verwendeten Techniken und Methoden kreativ zu sein.

Genauso wie Sie nicht für jede Aufgabe einen Hammer benutzen, geht es bei der Methode der Aktiven Präsenz darum, verschiedene Techniken und Arten von besonderen Anstrengungen auszuprobieren, bis Sie diejenigen finden, die für Sie am effektivsten sind.

Überblick über die Methode der Aktiven Präsenz

Der Prozess oder die Methode der Aktiven Präsenz ist eine alte und seit langem bewährte Methode, um Menschen zu helfen.

Mit den jüngsten Fortschritten in der Neurowissenschaft wurden sie nun für unser modernes wissenschaftliches Zeitalter neu formuliert.

Die Aktive Präsenz basiert auf dem ebenso alten Konzept, dass die Fähigkeit sich selbst zu helfen, ein wertvolles Instrument ist.

Dies beinhaltet den Einsatz von Körper, Gefühlen und Geist, aber nicht in einer dominierenden oder kontrollierenden Art und Weise. Der effektivste Ansatz ist der des Loslassen und der Kooperation.

Aktives Loslassen bedeutet, dass wir lernen, uns von unserem Körper, unseren Gefühlen und unserem Atem führen zu lassen.

Es kann auch hilfreich sein, sich an einige der negativen Gedankenmuster zu erinnern, die weiter oben in diesem Buch beschrieben wurden.

Mit anderen Worten, es stellt eine Veränderung unseres Bewusstseins von einer dominierenden Form (dem befehlenden Selbst) zu einer mehr geführten Bewusstseinsebene (dem beruhigenden Selbst) dar.

Es ist eine sanfte Umstrukturierung oder Transformation des menschlichen Bewusstseins, ein Übergang vom dominanten Bewusstsein (was auch als konditioniertes Bewusstsein oder Identität bezeichnet werden kann) zum verbundenen oder geführten Bewusstsein, das in diesem Prozess ruhig wird.

Wir sind auf falsche Glaubenssätze konditioniert :

- Wir müssen unseren Körper beherrschen.
- Unsere Körper haben keine eigene Intelligenz.
- Der Atem ist nicht so wichtig.
- Wir müssen unseren Atem kontrollieren.
- Die Lösung des Lebens liegt in unserem Geist.
- Wir können nicht mit unserem Körper denken.
- Wir können nicht mit unserem Atem denken.

Mit dem Körper denken

"Das Gehirn ist aktiv und ständig mit dem Körper verbunden."
Robert Ornstein

Einer der bekannten kumulativen Effekte der regelmäßigen Anwendung der Methode (der drei Übungen am Morgen, Mittag und Abend) ist ein Gefühl, ständig mit dem Körper verbunden zu sein und so zu lernen, mit dem Körper zu denken.

Was bedeutet es, mit dem Körper zu denken?

Es bedeutet, dass Ihr Körper während der Zeit des Nachdenkens und der Meditation aktiv präsent ist, indem Sie kontinuierlich mit Ihren Sinnen in Kontakt sind, sowohl bewusst als auch unbewusst.

Diese Art des Seins hilft Ihrem Gehirn, seine primäre Funktion der Aufrechterhaltung eines ganzheitlichen und ausgeglichenen Wohlbefindens zu erfüllen.

Durch seine Anwesenheit wirkt der Körper wie ein aufmerksamer Führer.

Er zeigt durch Spüren und Fühlen an, was die richtige Haltung für Sie ist, um harmonisch denken zu können, wo immer Sie sich gerade befinden, ob sitzend, stehend, gehend usw.

Überdies wird Ihr Körper und Ihr Körpergefühl Sie leiten, wann der beste Zeitpunkt zum Nachdenken ist, wann Sie innehalten und wann Sie aufhören sollten.

Mit anderen Worten:

Ihr Körperbewusstsein, gestärkt durch Ihre Aktive-Präsenz-Praxis, wird zu einem vertrauenswürdigen und zuverlässigen Freund.

Sich auf diese Weise wieder mit dem Körper zu verbinden, bringt Sie in engeren Kontakt mit Ihrer Atmung. Sie verstehen es immer besser die Hilfe anzunehmen, welche Ihnen Ihre Gefühle und Ihre Atmung zu einem bestimmten Zeitpunkt bieten.

Glossar für die Methode der Aktiven Präsenz

1. Die 3 M (Momente)

Die 3 M entsprechen den drei Zeitpunkten der Übung, welche die Grundlage für die Anwendung der Methode bilden: morgens, mittags, abends

2. Die Dauer der Übungen

Es gibt keine festgelegte Zeit oder Dauer für die Übungen, da der Erfolg der Übung in erster Linie davon abhängt, dass Sie sich an die 3 M erinnern und dann an die Zeit, die Sie zur Verfügung haben, um Ihre Willenskraft in diesen Momenten auf angenehme, entspannte Weise zu nutzen.

Eine Übung kann daher durchschnittlich zwischen einer und 15 Minuten dauern.

Die Methode basiert auf dem Grad Ihres Engagements und Ihrer Bereitschaft, auf entspannte und positive Weise zu experimentieren.

Die Konzepte des Drucks und des sinnlosen Leidens, ständig mit sich selbst zu kämpfen, sind diesem Ansatz fremd.

3. Die Grundlagen (KWA)

Die Grundlagen bilden die Basis und den Ausgangspunkt für jede Übung.

Körperhaltung: Finden Sie die für Sie bequemste Position.

Wahrnehmung des Körpers: Werden Sie sich ihres Körpers bewusst und verbinden Sie sich mit dem Gefühl für Ihren Körper als Ganzes.

Atmung: Atmen Sie in Ihrem entspannten Rhythmus, indem Sie durch die Nase einatmen und den Bauch füllen und durch den Mund ausatmen und den Bauch leeren.

Diese Art der Atmung ermöglicht es Ihnen, den natürlichen Fluss und die Intensität Ihrer Atmung zu formen und zu lenken.

Mit anderen Worten, es ist eine Form der Ballonatmung.

Beim Einatmen bläst man mit der Nase einen Luftballon im Bauch auf und beim Ausatmen entleert man den Ballon durch den Mund.

Jedes Mal, wenn Sie die Ballonatmung praktizieren, ist sie anders und effektiv, weil sie auf natürliche Weise von Ihrer Atmung selbst und von Ihrem Körper und nicht von Ihrem Verstand gesteuert wird.

Während die Atmung und der Körper in den gegenwärtigen Moment vertieft sind, kann der Geist nicht mit Gedanken, Sorgen usw. beschäftigt sein.

4. Die kumulative Wirkung der 3 M

Je mehr Zeit Sie mit den Übungen der 3 M verbringen, desto

bessere Ergebnisse werden Sie in Bezug auf die Aktive Präsenz erzielen.

Die Methode ist kumulativ, so wie sich die Flugfähigkeit mit zunehmender Flugzeit verbessert. Sie wird immer mit Freundlichkeit praktiziert, denn das ist das Wesen dieser Methode, den Menschen zu helfen, besser zu werden, sowohl um ihrer selbst willen, als auch für die Menschen um Sie herum.

5. Ihr Engagement, die 3 M zu praktizieren

Das Gefühl des Engagements wird erreicht durch:
- Erinnern Sie sich sanft an die 3 M
- Entspanntes und bequemes Üben der 3 M
- Akzeptieren und verstehen, dass man manchmal vergisst, dieÜbungen zu machen
- Freude und entspannte Kreativität als Grundlage für die Anwendung der Methode

6. Der positive Wendepunkt

Der positive Wendepunkt ist dann erreicht, wenn Sie sich zum ersten Mal der „Beweise" für die Anwendung der Methode bewusst werden, indem Sie Ihren Tag locker um die Zeit herum planen, in denen Sie die 3 M praktizieren und sich generell aktiver und bewusster fühlen.

In dieser Phase der Arbeit nehmen Sie die Methode zunehmend an und assimilieren sie bis zu dem Punkt, an dem sie vollständig und positiv in Ihr Leben integriert ist.

7. Begrenzende Denkmuster

Begrenzende Denkmuster nehmen die Form von Überzeugungen an, die aus den verschiedenen Arten von Konditionierung in Ihrem Leben entstehen und die Ihnen in Ihrer täglichen Praxis begegnen werden.

Bei der Methode der Aktiven Präsenz, stellen wir sie mit einem einfachen Namen dar, um sie leichter identifizieren zu können und sie dann sanft und schmerzlos loszulassen (Die Drama-Queen, den ständigen Kritiker usw.)

8. Das Niveau der verfügbaren Gefühle

Das hängt damit zusammen, dass Sie verstehen, dass sich die Fähigkeit Ihres Körpers, etwas zu spüren und zu fühlen, je nach Tageszeit und Art der Übung ändert. Das ist völlig normal und sollte nicht zu Frustration oder Selbstkritik führen.

Schlussgedanken

Die Methode der Aktiven Präsenz ist einfach und sehr effektiv.

Sie verfügt über ein klar strukturiertes Programm, das es Ihnen

ermöglicht, erfolgreich zu sein und die Qualität Ihrer Präsenz weiter

zu verbessern.

Üben Sie die drei Übungen jeden Tag, ohne sich Gedanken darüber

zu machen, ob Sie sie perfektionieren wollen und ob Sie genug Zeit

für sie aufwenden oder nicht.

Die Grundlagen der Übung sind essenziell (die Haltung, den Körper

wahrnehmen, der Atem).

Um erfolgreich zu sein, denken Sie an die Konzepte der verfügbaren

Energie, des verfügbaren Gefühls und des achtsamen Fleißes.

Indem Sie aktiv präsent sind, geben Sie auch anderen die

Möglichkeit zu lernen, wie man präsent ist.

Dies geschieht stillschweigend in Ihrem Verhalten und in den

Gesprächen, die Sie im Alltag führen.

Aziz Djendli

Aziz Djendli